안녕! 나는 마리 퀴리야

과학을 사랑한 나의 인생 이야기

안녕! 나는 마리 퀴리야

엔리코 라반뇨 글 · 엘라서 벨로티 그림 · 김현주 옮김
처음 펴낸날 · 2020년 10월 20일
펴낸이 · 김금순
펴낸곳 · 디엔비스토리
출판등록 · 제2013-000080호
주소 · 서울 광진구 천호대로 709-9 음연빌딩 2층
전화 · (02)716-0767   팩스 · (02)716-0768
이메일 · ibananabook@naver.com
블로그 · www.bananabook.co.kr

MY LIFE AS A GENIUS: MARIE CURIE
Texts by Enrico Lavagno and illustrations by Elisa Bellotti
Copyright © 2021 Snake SA
All rights reserved.

Korean translation copyrights © 2020, Dnbstory Co.
Korean translation rights arranged with Snake SA.
through EYA(Eric Yang Agency)

이 책의 한국어판 저작권은 EYA(Eric Yang Agency)를 통해
Snake SA와의 독점계약으로 디엔비스토리(도서출판 바나나북)에 있습니다.
신저작권법에 의하여 한국 내에서 보호를 받는 저작물이므로 무단 전재와 복제를 금합니다.

ISBN 979-11-88064-16-8 74880

이 도서의 국립중앙도서관 출판예정도서목록(CIP)은 서지정보유통지원시스템 홈페이지(http://seoji.nl.go.kr)와
국가자료종합목록 구축시스템(http://kolis-net.nl.go.kr)에서 이용하실 수 있습니다. (CIP제어번호 : CIP2020040359)

• 바나나북은 크레용하우스의 임프린트이며 디엔비스토리의 아동 · 청소년 브랜드입니다

안녕! 나는 마리 퀴리야

과학을 사랑한 나의 인생 이야기

엔리코 라반뇨 글 · 엘라서 벨로티 그림 · 김현주 옮김

나의 소녀 시절 1867~1897

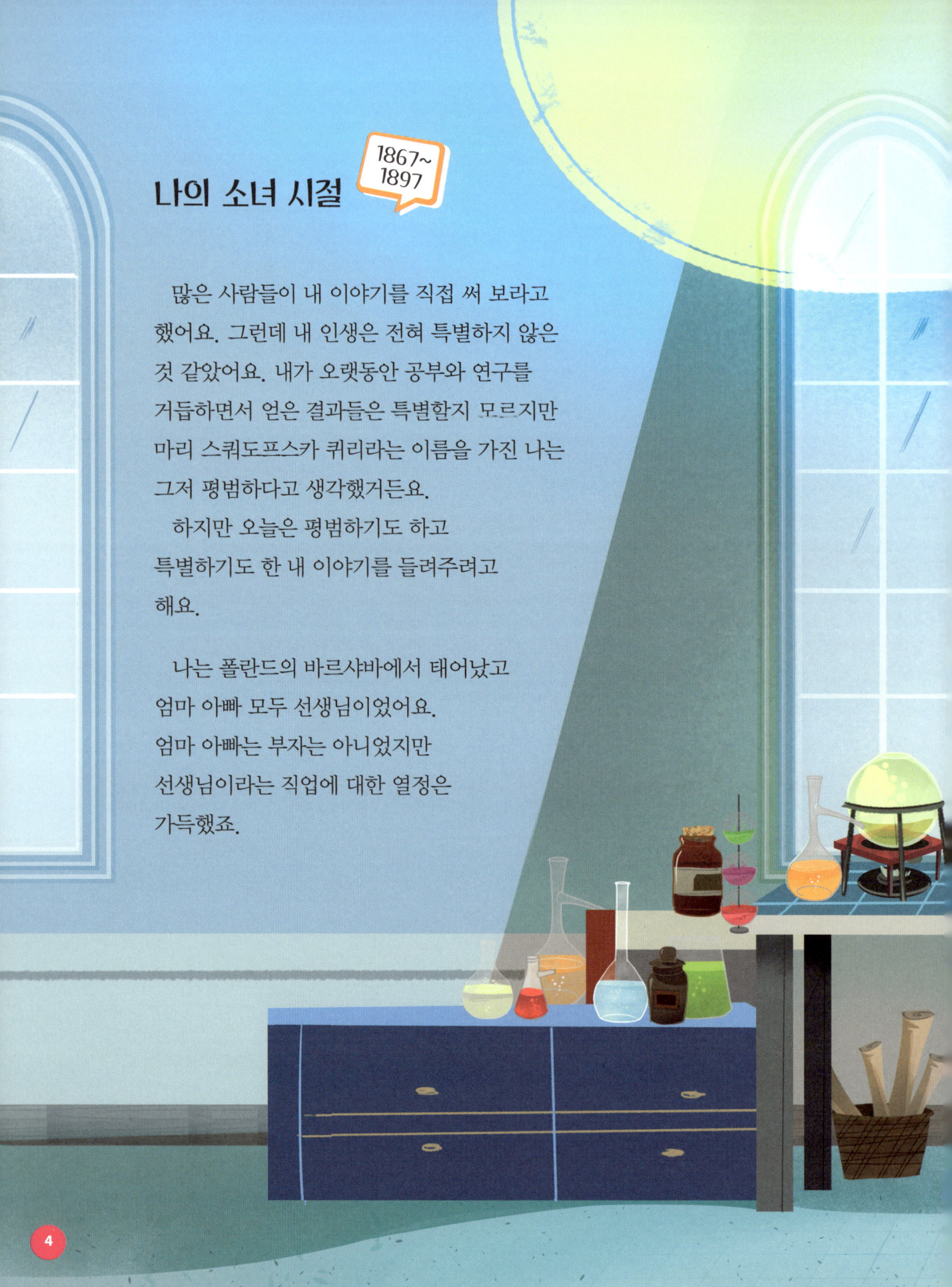

많은 사람들이 내 이야기를 직접 써 보라고 했어요. 그런데 내 인생은 전혀 특별하지 않은 것 같았어요. 내가 오랫동안 공부와 연구를 거듭하면서 얻은 결과들은 특별할지 모르지만 마리 스쿼도프스카 퀴리라는 이름을 가진 나는 그저 평범하다고 생각했거든요.

하지만 오늘은 평범하기도 하고 특별하기도 한 내 이야기를 들려주려고 해요.

나는 폴란드의 바르샤바에서 태어났고 엄마 아빠 모두 선생님이었어요. 엄마 아빠는 부자는 아니었지만 선생님이라는 직업에 대한 열정은 가득했죠.

아버지는 중학교에서 수학과 물리학을 가르쳤어요.
엄마는 한 여학교의 교장 선생님이었는데 아주
다정하면서 한편으로 엄격했답니다.

나는 5남매 중 막내였어요. 조시아, 브로니아, 헬라 세 언니와 조셉 오빠가 있었지요. 우리 남매는 사이가 좋았고 공부도, 학교도 좋아했어요. 내 어린 시절, 평범하지 않았던 몇 가지 중 하나가 바로 이 점일 거예요. 힘든 공부가 정말 좋았으니까요!

그렇다고 우리 남매가 항상 공부만 한 것은 아니에요. 친척들이 있는 시골의 자연 속에서 뛰어 놀면서 많은 시간을 보내곤 했어요. 훗날 가끔 어두운 실험실에서 현미경을 보느라 지친 눈을 감으면 그 시절로 돌아가 자연 속에 있는 꿈을 꾸곤 했어요.

토요일 저녁에는 아빠가 다양한 책을 읽어 주었는데 너무 재미있어서 이야기에 흠뻑 빠져들곤 했어요. 책 이야기를 하다 보니 문득 떠오르는 일이 하나 있네요. 내가 4살 정도 됐을 때 일이에요. 나는 엄마 아빠에게 브로니아 언니보다 내가 더 글을 잘 읽는다고 자랑한 적이 있어요. 이 이야기를 들은 엄마 아빠는 내 학습 속도가 너무 빠르다고 생각한 모양이에요. 그 후로 내가 책을 읽으려고 하면 밖에 나가 놀라고 했답니다.

내가 태어나기 전부터 폴란드는 러시아의 지배를 받고 있었어요. 폴란드는 식민지에서 벗어나려고 싸웠지만 매번 지고 말았어요. 폴란드는 수많은 전투에서 패배한 후 막강한 러시아에 맞설 수 없는 현실을 깨달았어요.

　그래서 무기가 아닌 머리로 승부를 걸기로 했죠. 새로운 전사들은 우리 아빠처럼 학생들에게 몰래 폴란드 말과 폴란드 문화를 가르치는 선생님들이었어요.
　나는 학교에 다닐 때 러시아인 장학관이 학교를 방문할 때마다 러시아말로 시를 읊는 게 너무 부끄러웠어요. 러시아 장학관이 '우리에게 명령을 하는 분은 누구지?'라고 물었을 때는 기절할 것 같았어요. 그래도 작은 목소리로 '러시아의 황제 폐하십니다.'라고 대답했죠.
　장학관은 만족스러운 미소를 지으며 자리를 떠났고 폴란드인으로서 모멸감을 느낀 나는 곧바로 눈물을 터뜨리고 말았어요.

나는 가끔 남학생들이 짓궂은 장난을 해도 견뎌야 했어요. 한 번은 조용히 책을 읽으려고 귀를 막고 있는데 남학생들이 등 뒤에 의자를 쌓아 놨어요. 내가 슬쩍 건드리기만 하면 쓰러지도록 말이죠.

결국 의자들이 쓰러졌고 나는 한쪽 어깨를 다쳤어요. 하지만 나는 이런 어리석은 장난에 시간 낭비하는 게 싫어서 어떤 반응도 하지 않고 그냥 내버려 두었어요.

이 일로 나는
차분하고 대범한 아이로
유명해졌어요. 그렇지만
그건 사실이 아니었죠.

  내가 10살 때, 큰 언니 조시아가
'티푸스'라는 병에 걸려 그만 세상을
떠나고 말았어요. 보통 이런 날벼락 같은
일은 폭풍이 몰아치듯 한꺼번에 일어나는 것
같아요. 오래전부터 결핵을 앓고 있던 엄마도
심하게 아프기 시작했고 2년 후 돌아가시고
말았죠. 그 슬픔을 견디기 위해 나는
정말로 아주 차분하고 대범해졌어요.

나는 공부에 더욱 몰두했어요. 그 덕분에 15살이 되었을 때 최고 점수로 학교를 졸업했지요.

그런데 러시아 지배를 받는 폴란드에서 여자는 대학에 갈 수 없었어요. 브로니아 언니와 나는 유학을 떠나고 싶었지만 돈이 너무 많이 들었죠. 그래서 우리는 약속했어요. 언니가 파리로 유학을 가면 내가 돈을 벌어 학비를 대 주고, 언니가 졸업하면 내가 언니의 도움을 받아 공부하기로 한 거예요. 나는 일자리를 구하기 위해 1886년 1월 1일 바르샤바 북부의 추운 지방으로 향하는 기차에 올랐어요.

18살이었던 나는 가족도 없는 낯선 곳에서 가정 교사 일을 구했어요. 돈은 모을 수 있었지만 답답하고 지루했어요.

내가 19살 때였어요. 가정 교사로 있던 집의 큰아들이 저한테 완전히 반한 거예요. 큰아들은 내게 청혼했고 나도 마음이 흔들렸어요.
그런데 그 부모님들은 내가 너무 가난하다는 이유로 결혼을 반대했고 나는 얼마 후 다시 바르샤바로 돌아왔지요. 바르샤바에서 나는 사촌 덕분에 처음으로 연구실에 들어갈 수 있었어요. 진짜 물리학 연구실이었답니다!

사실 이때까지도 나는 진로를 정하지 못하고 있었어요. 그 연구실은 내게 초대장 같은 것이었고 내가 갈 길은 과학이 되었죠.

나는 시간이 나면 연구실로 달려갔고, 예전에는 구경만 할 뿐 만져 보지도 못한 멋진 실험 도구들을 가지고 마음껏 과학 실험을 하면서 여러 반응과 현상들을 연구할 수 있었어요. 마음속의 열정이 점점 더 커져, 연구하다가 뜬눈으로 밤을 지새우기도 했어요. 어느 정도 쓸 수 있는 돈을 모은 나는 학업을 위해 떠나기로 했어요.

1891년, 드디어 8년이라는 긴 세월을 기다린 끝에 파리에 도착했답니다. 내가 어떤 기분이었는지는 설명하지 않아도 알겠죠? 프랑스의 수도인 파리가 눈앞에 펼쳐졌을 때 정말 행복했어요. 낯선 도시에서 혼자 지내야 했지만 폴란드에서 느껴 보지 못한 자유를 만끽할 수 있었죠.

누구나 파리라는 도시에서 멋진 건물을 마주하면 감탄사를 내뱉을 수밖에 없어요. 하지만 파리에서 내게 중요한 건물은 노트르담 대성당이나 루브르궁이 아니라 소르본 대학이었어요.

프랑스 말을 배우면서 친구를 사귀고, 밥 먹는 것을 잊을 정도로 온 신경을 집중해 물리학과 수학에 몰두했어요. '마리 퀴리는 수프를 끓일 때 무엇을 넣는지도 모른다.'는 소문이 퍼질 정도였죠. 사실이었어요. 제대로 먹지 않아 쓰러진 적도 있으니까요.

사랑에 대한 이야기는 별로 해 줄 게 없어요. 나는 젊은 남자들이 아닌 나를 과학의 길로 이끌어 주는 흰 수염이 난 교수님들하고만 소통했거든요. 하지만 1894년에 나는 피에르 퀴리를 만났고 금세 친구 이상의 사이가 되었답니다.

황금보다 빛나던 시기

남편 피에르는 소르본 대학에서 일하는 과학자였어요. 나는 피에르의 모든 점이 좋았어요. 진지하면서 친절했고 인생의 목표가 확실했죠.

피에르가 내게 다시 만날 수 있냐고 물었고 나는 주저 없이 그러자고 했어요. 그날 이후 우리는 물리학과 화학, 사회 과학과 같은 흥미진진한 주제로 수많은 대화를 나누었고 피에르가 청혼했어요. 나는 기뻤지만 바로 대답하지는 못했어요. 일단 폴란드로 돌아가야 했거든요. 다행히 나는 프랑스로 다시 돌아와 박사 학위를 준비할 수 있게 되었죠. 그래서 피에르의 청혼을 받아들이고 1895년 여름, 결혼식을 올렸답니다.

피에르는 이미 물리학자로 유명했지만 파리에서 조금 떨어진 시골에서 부모님과 함께 소박하게 살고 있었어요. 피에르 가족들은 모두 관대하고 욕심이 없었어요. 돈이나 권력을 쫓기보다는 행복을 이루는 데 집중했죠. 대단한 분들이죠?

결혼 후 나는 인생에서 가장 행복한 시간을 보냈어요. 여러 가지 즐거움이 있었는데 그중 하나는 역시 연구였죠. 피에르와 연구실에서 많은 시간을 함께 보냈어요.

피에르는 '크리스털'을, 나는 '강철의 자기 특성'을 연구했어요. 낭만적이지 않다고요? 하지만 과학을 향한 내 사랑은 남편을 향한 사랑과 함께 완성되었고, 남편처럼 과학도 언제나 내 옆에 있었답니다.

우리는 자주 자전거를 타고 먼 곳까지 소풍을 떠나 꽃을 한 아름 꺾곤 했어요. 하지만 어느 순간 둘 다 연구실로 돌아가고 싶어 안달이 나곤 했지요.

1897년에는 행복과 고통이 뒤섞였어요. 우리 부부의 첫 딸인 이렌이 태어났고 피에르의 어머니가 세상을 떠난 거예요. 작은 집에서 피에르의 아버지와 함께 살게 됐는데 아버지가 이렌을 돌봐 준 덕분에 나는 연구를 계속할 수 있었어요.

나의 새로운 목표는 논문을 쓰고 박사 학위를 받는 것이었어요. 논문의 주제는 이미 생각해 두었죠. 1895년 독일 물리학자 뢴트겐이 우리 몸을 통과해 뼈 사진을 찍을 수 있는 엑스선이라는 광선을 발견해서 세상을 놀라게 했어요. 그뒤 프랑스 물리학자 앙투안 앙리 베크렐은 우라늄에서도 빛이 나온다는 것을 발견했죠. 나는 이 빛의 정체를 밝히고 싶었어요. 너무나 흥미로운 주제였어요!

대학에서 연구실로 쓰게 해 준 낡은 창고 안에서 나는 과학 실험에 몸과 마음을 다 쏟았어요.
　삼각 플라스크, 둥근 플라스크, 앰플 등 실험 도구가 내게는 동화 속 등장인물처럼 느껴졌어요. 나는 한 걸음씩 목표에 다가갔어요.
　먼저 우라늄이 내부에서 빛을 발산하는 이유를 밝혀야 했어요. 그리고 우라늄과 똑같은 특성을 가진 다른 원소도 알아내야 했고요.

밤에 깜깜한 연구실에 들어가면 선반에 진열된 유리병에서
퍼져 나오는 빛은 정말 아름다웠어요. 이건 우라늄에 스스로
빛을 내는 방사능이 있다는 것을 말해 주는 거죠.

피에르는 자신의 연구를 잠깐 멈추고 이 연구를 같이했어요.
1898년 우리는 드디어 피치블렌드라는 광물에서 우라늄보다
방사능이 센 원소를 발견하고 내 조국의 명예를 담아
'폴로늄'이라고 이름 지었어요.

그런데 피치블렌드에서 우라늄과 폴로늄을 추출했는데도
여전히 방사능은 강했어요. 우리는 또 다른 원소를 찾아내서
'라듐'이라는 이름을 붙였어요.

우리가 해낸 거예요!

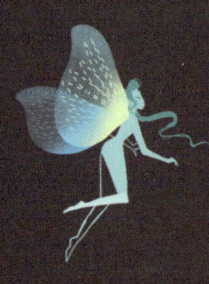

1903년, 나는 이제 준비가 되었어요. 소르본 대학 교수들로 구성된 시험 위원회 앞에 서서 심사를 받으며 발견한 것들을 설명했어요. 모두가 깜짝 놀랐고 나는 물리학 박사 학위를 받았답니다.

그해 우라늄이 빛을 낸다는 사실을 발견한 앙리 베크렐, 그리고 폴로늄과 라듐을 발견한 피에르와 나는 노벨 물리학상을 수상했어요. 노벨상 수상은 꿈같은 일이었어요. 상당한 금액의 상금도 받았지요. 과학 분야에서 노벨상을 받은 수상자들은 대부분 정부 지원금이 항상 부족해서 상금을 연구에 투자하는 일이 많았죠. 피에르와 나도 마찬가지였어요. 안타까운 일은 오래전부터 피에르를 괴롭히던 류머티즘이 악화돼 우리가 직접 상을 받으러 스톡홀름에 가지 못했다는 거예요.

노벨상 수상은 영광스러웠지만 우리 부부는 유명해지는 게 부담스러웠어요. 나는 원래 소심한 성격이라 나를 비롯해 우리 가족, 연구에 대해 모두 알려고 하는 사람들이 두려웠어요.

노벨상 수상 이후 우리 부부가 사는 세상은 완전히 달라졌어요. 외출을 하려 해도 몰려든 사람들 속에서 탈출해야 하는 지경이었고 여행 중에 묵는 호텔에서도 가짜 이름을 적어야 했어요.

　가장 나쁜 점은 유명해질수록 시간을 낭비하는 일이 많아져 연구가 늦어지고, 오해가 생기고, 항상 긴장해야 한다는 것이었죠.
　그래서 남편과 나는 이름을 알리기보다 연구 결과에 더 집중하기로 했어요. 말은 되도록 적게 하고 행동으로 많이 보여 주려 했죠. 나는 우리가 자랑스러웠어요. 라듐처럼 나도 저 깊은 곳에서 보이지 않는 빛을 내뿜고 있다고 생각했어요.

1903년과 1904년은 무척 힘든 시기였어요. 남편은 병 때문에 힘들었고 나는 집안일과 연구에 너무 지쳐 있었죠. 나는 화를 내고 신경질적으로 굴었어요. 목표를 이루는 데만 매달리다가 막상 성공하고 유명해지니 뭔가 후회스러운 생각뿐이었어요.

남편은 어떻게든 예전처럼 나를 행복하게 해 주려 했지만 남편도 한계에 부딪혔죠. 그런 우리 부부를 구한 것은 배 속에 생긴 둘째 딸 이브였어요. 처음에는 이 세상에서 또 아이를 낳아야 하나? 이 아이도 우리처럼 고통받을 텐데? 이런 부정적인 생각도 들었어요. 하지만 귀여운 딸 이브가 태어나 하루하루 자라는 모습을 보면서 내 우울한 마음은 얼음이 녹아내리는 것처럼 나아졌어요.

1905년부터 남편과 나는 빠른 속도로 제자리를 찾아갔어요. 6월에는 드디어 노벨상을 받으러 직접 스웨덴으로 갈 수 있었어요. 솔직히 상을 받는 게 우리가 전에 느꼈던 것만큼 나쁘지는 않더라고요.

다시 프랑스로 돌아와서는 우리의 인생이 정말 변하고 있다는 것을 확인할 수 있었어요. 우리에게는 양탄자에 안락의자, 소파까지 생겼어요. 그러던 중, 우리가 그토록 소중히 여겼던 창고 연구실을 떠나야 하는 날도 찾아왔어요. 아끼던 보금자리를 떠나는 것 같아 슬펐어요.

그 슬픔이 불운의 징조였던 걸까요? 얼마 후 피에르가 길을 건너다 파리 한복판에서 마차에 치이고 말았어요. 그날 밤, 피에르가 세상을 떠나면서 나의 행복한 날도 끝나는 것 같았죠.

최고의 선물

1907 ~ 1934

소르본 대학에서는 남편이 강의하던 수업을 내게 맡겼어요. 학생들을 가르치는 일은 슬픈 마음을 추스르는 데 도움이 됐죠. 또 연구도 계속할 수 있었어요. 소르본 대학에서 여성에게 그런 기회를 준 것은 처음이었어요. 슬픔을 견뎌야 했던 이 시기에 위안이 된 것은 라듐이 암을 고칠 만큼

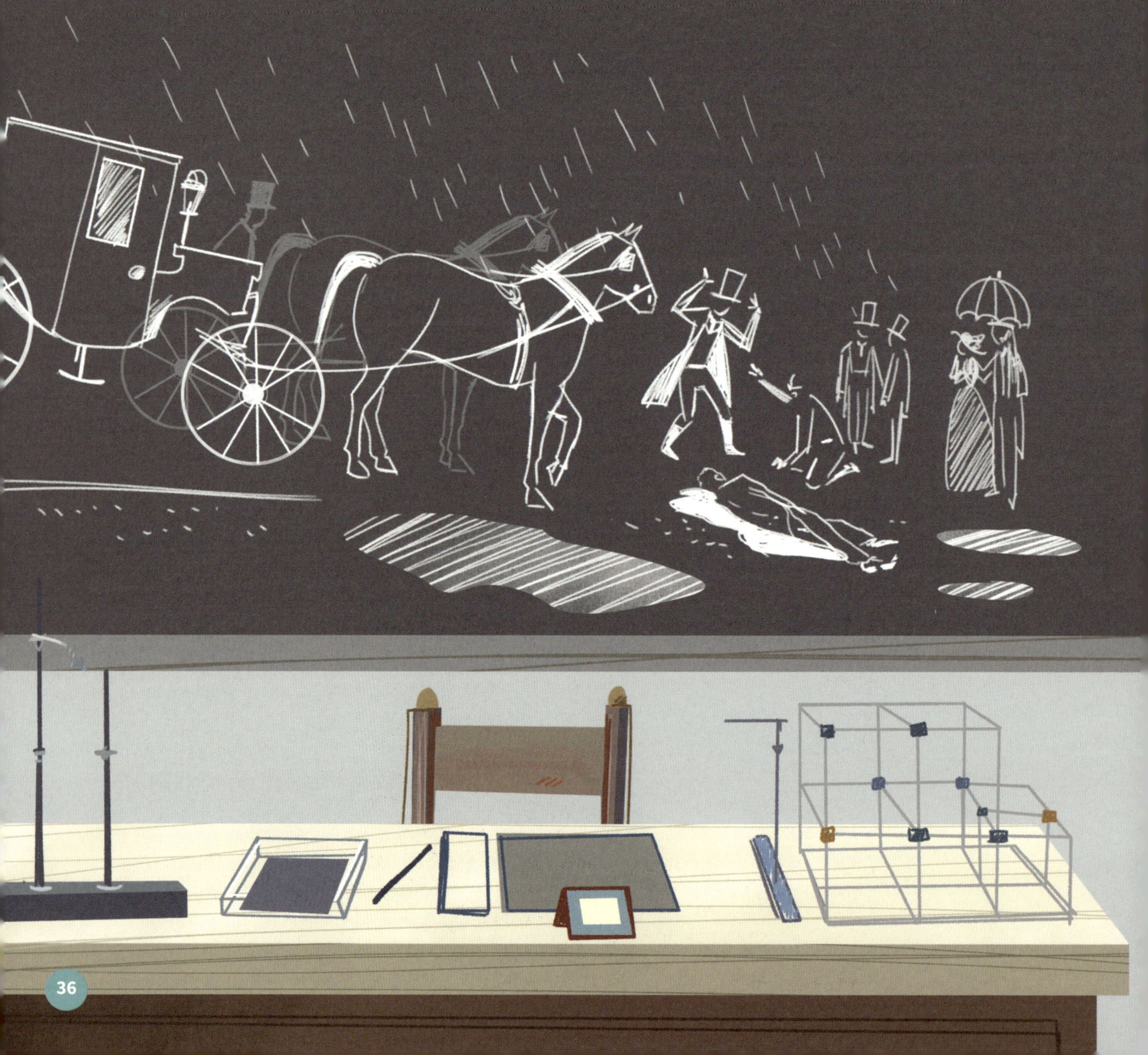

강력한 힘을 가졌다는 사실이 증명된 것이었어요. 그래서 나는 1909년도에 라듐 전문 연구 재단인 '라듐 연구소'에 들어갔어요. 그리고 이듬해 드디어 순수한 형태의 라듐을 분리하는 데 성공했어요.

　라듐 연구소에서는 방사능을 이용한 새로운 질병 치료법을 연구했고 이 치료법은 '퀴리 요법'이라 불리기 시작했어요. 피에르가 있었다면 얼마나 기뻐했을까요?

　1910년에는 가장 중요한 방사능에 관한 논문을 발표했어요. 1911년에는 노벨상을 두 번째로 받게 됐는데 이번에는 물리학이 아닌 화학으로, 단독으로 받게 되었죠. 나는 여전히 연구할 것이 많고 해야 할 일도 많고 책임질 일과 결정해야 할 일도 많았어요.

최초로 노벨상을 받은 여성, 최초로 노벨상을 두 번 받은 여성, 최초로 소르본 대학 강단에 선 여성……. 내 인생을 뒤돌아보면 모든 것이 최초였던 것 같네요. 그런데 그 많은 최초가 문제였어요. 어느 순간부터 사람들의 존경심이 시기심으로 바뀌었어요.

여자가 이렇게 많은 일을 해냈다는 사실을 받아들이지 못하고 여자는 집안일이나 해야 한다는 옛날 사고방식을 가진 사람들이 많았거든요.

1912년에 예상치 못한 기쁜 일이 찾아왔어요. 폴란드 교수 대표단이 우리 집에 찾아와 폴란드로 돌아가서 일하자고 한 거예요. 마음이 흔들리더군요. 하지만 나는 폴란드인이면서 남편 피에르와 결혼했으니 프랑스인이기도 했어요. 그래서 프랑스에 남아 파리에서 하던 일을 계속하면서 폴란드의 라듐 연구소 설립에 참여하기로 했죠.

오직 연구에 집중했던 나는 휴가가 필요했어요. 1913년 멋진 산을 돌아다니면서 건강을 회복하려고 딸들과 함께 스위스로 갔어요. 우리의 등산 친구는 알버트 아인슈타인과 그의 큰아들 한스 알버트였어요. 아인슈타인과 나는 오래전부터 친구로 지냈는데 서로 성격이 달라 더 친했던 것 같아요. 나는 내성적이고 진지한 성격인데 아인슈타인은 개방적이고 항상 명랑했어요. 아인슈타인은 조용히 산을 오르다가 갑자기 활기찬 목소리로 이렇게 말하곤 했어요.

"이해하죠, 마리? 나는 엘리베이터가 추락할 때 그 안에 갇힌 사람들에게 어떤 일이 일어났는지 반드시 알아내야 해요."

아인슈타인은 자신의 상대성 이론에 대해 암시한 것이지만 말을 꺼낼 때마다 우리는 알아채지 못하고 웃을 뿐이었어요.

1914년 8월 3일, 독일은 프랑스에 전쟁을 선포했고 1차 세계 대전이 시작되었어요.
전쟁의 상처는 빠른 속도로 번졌지만 프랑스는 전쟁 준비가 전혀 되어 있지 않았어요. 무기와 전략도 부족하고 수많은 부상자를 치료할 병원도 마련되어 있지 않았죠.

나에게 할 일이 생긴 거예요. 나는 엑스선을 찍을 수 있는 장비를 갖춘 차를 생각해 냈어요. 이동식 엑스선 장비가 달린 트럭을 만들어 중상을 입은 환자들을 이동하지 않고 가까운 곳에서 치료할 수 있도록 했어요. 그리고 더 많은 엑스선 장비를 마련하기 위해 기부해 달라고 호소했지요.

나는 엑스선 촬영 교육도 하고 직접 전쟁터 근처까지 가서 환자를 치료하기도 했어요. 엑스선 트럭 운전사가 없을 때를 대비해 운전도 배웠지요. 적십자와 협력한 덕에 대포를 눈앞에 두고도 엑스선 장비를 사용할 수 있었어요. 엑스선 장비는 특히 환자들의 몸안에서 일어난 출혈과 총상, 깊숙이 박힌 파편까지 곧바로 찾아낼 수 있어서 상상도 할 수 없을 만큼 빨리 통증을 줄이고 생명도 구할 수 있었어요.

전쟁의 먹구름이 걷히고 평화가 찾아오자 수많은 변화를 겪은 유럽의 모습이 드러났어요. 폴란드도 독립해 새 시대가 열렸죠. 폴란드 사람들은 평화를 맞을 준비가 되어 있었어요.

나도 열심히 일하다 보니 자연스럽게 남편을 잃은 슬픔이 줄어들었고 건강 상태도 많이 좋아졌어요. 아마 바닷가에서 휴식을 취한 것도 도움이 된 거 같아요.

내가 여름이면 쉬던 프랑스 북서부의 멋진 바닷가에 자리한 마을은 천체 물리학이나 생물학, 화학을 비롯해 다양한 과학 분야의 인재들이 모였어요. 바닷가를 걷다가 노벨상 문양이 찍힌 수건을 밟아도 이상한 일이 아니었죠.

유명 인사들이 이 마을에 모이는 이유는 멋진 곳이기 때문이기도 하지만 '연구에 대한 이야기를 하지 않는다.'와 '어떤 이유로든 걱정하지 않는다.'라는 규칙이 있었기 때문이에요.

1920년, 한 여성이 미국에서 내 연구실로 찾아왔어요. 윌리엄 브라운 멜로니라는 기자였어요. 순수한 라듐은 금보다 비싸 라듐 연구소에 라듐이 단 1그램밖에 없다는 나의 얘기에 멜라니는 돌처럼 굳어 버렸어요. 라듐을 발견한 내가 원 없이 연구할 만큼의 라듐을 얻을 수 없다는 점에 놀랐다고 했어요.

멜로니는 미국 여성 독자들을 동원해 순식간에 모금을 해서 순수한 라듐 1그램을 내게 선물했어요.

나는 미국에 공식적으로 초청됐어요. 사진을 찍는 것도, 수백 명과 함께하는 행사도 힘들었지만 열정이 넘치는 젊은 여학생 수천 명의 환대는 나에게 정말 깊은 인상을 남겼어요. 그랜드 캐니언이나 나이아가라 폭포, 뉴욕의 고층 빌딩을 봤을 때보다 훨씬 더 감동적이었답니다.

5번가
피에르와 마리 퀴리 거리

증기선을 타고 미국에서 프랑스로 돌아오면서 나는 피에르와 내가 발견한 것에 대해 특허를 내지 않아 다행이라고 생각했어요. 특허로 돈을 벌었다면 지난날 고생하지 않고 더 편하게 연구할 수 있었죠. 하지만 나는 발견의 중요한 부분 중 하나가 나눔이라는 것을 잘 알아요. 라듐은 모두의 것이니까요. 우리는 세상에 라듐을 알린 것뿐이에요.

그런데 안타깝게도 라듐이 끔찍할 수도 있다는 생각에 사로잡히기 시작했어요. 사실 우리는 처음부터 방사능이 태양 광선처럼 화상을 일으킨다는 것을 알고 있었어요.

경미한 화상은 가렵다가 시간이 흐르면 나아지지만 심하면 심각한 상처가 되기도 하죠. 라듐이 암을 치료할 수 있지만 다른 질병을 일으킬 수도 있지 않을까? 하는 의문도 들었지요.

미국 여행은 짜릿했지만 엄청 피곤했어요. 다행히 내가 몸이 좋지 않을 때는 두 딸이 공식 행사에 대신 참석했죠. 이렌은 24세, 이브는 17세였어요. 이렌도 과학을 연구해서 행사를 잘 이끌었지만, 피아니스트인 작은딸 이브에게는 엄마의 업적을 칭찬하는 사람들이 마냥 재미있게만 보였을 거예요.

미국 여행에서 열정적인 대중을 만나고 난 후, 나는 공식적인 순회 여행을 하고 싶다는 열망이 생겼어요. 나는 세상과의 단절을 좋아하지만 이건 방사능의 이로움을 알리는 데는 좋지 않다는 것을 깨달았거든요.

그래서 나는 유럽과 바다 건너 브라질 등 여러 곳에서 강의와 연설을 했죠. 오랜 세월 그늘 속에서 지내던 마리 퀴리가 다시 태어난 거예요.

1932년에는 드디어 폴란드 라듐 연구소가 개관했어요. 천천히, 조금씩 내 인생의 퍼즐이 맞춰져 마침내 완벽한 하나의 그림이 완성된 거예요.

이제 나는 바닷가에 마련한 집에서 조금 쉬면서 밭일도 하고 수영도 해요. 아! 내가 이 말은 아직 안 했죠? 나는 수영을 굉장히 잘해요! 하지만 내 집은 여전히 파리 연구실이에요. 연구실은 나에게 수업을 받으면서 실험을 도와주는 학생들로 늘 북적여요. 실험은 성공할 때도 있고 실패할 때도 있죠.

오래전 과학과 사랑에 빠졌을 때와 나는 별로 달라진게 없어요.

나는 과학이 아름답고 환상적인 것이라고 믿어요. 과학은 동화 속에서 마법이 펼쳐지듯 자연 현상의 신비를 밝히는 학문이에요. 그래서 나는 과학적 발견이 언젠가 모든 사람의 이야기를 행복하게 만들어 줄 거라는 희망을 품고 있어요.

세상 모든 사람이 과학의 발전에 만족하며 행복하게 오래 사는 거죠. 물론 그 꿈은 미래에 일어날 일이니 현재의 어린이들이 어떻게 하느냐에 따라 달라지겠죠. 나는 과학의 가치를 앞으로도 굳게 믿을 거랍니다!